Lustige Holzfiguren
im Country-Stil

Tatjana Friedrich

Türhänger

Material
- Pappelholz: 4 mm, 6 mm, 10 mm stark
- Farben: dunkelblau, hellblau, cremefarben, hautfarben, schwarz, dunkelrot
- Stifte: schwarz, weiß
- naturfarbener Bast
- bleifarbener Wickeldraht
- naturfarbene Holzkugel ohne Bohrung, Ø 12 mm

Alle Konturen und Markierungen vom Vorlagenbogen auf das Holz übertragen, aussägen und die Kanten mit Schleifpapier glätten. An den markierten Stellen 1,5 mm große Löcher bohren. Anschließend den Türhänger laut Abbildung bemalen. Das Gesicht und die Hände hautfarben kolorieren. Den Hut, die Hutkrempe und den Rand des Schildes in Dunkelblau bemalen. Nun den Rest des Schildes cremefarben gestalten. Den Körper zunächst hellblau lasieren und nach dem Trocknen ein dünnes cremefarbenes Karomuster aufmalen. Schließlich die Schuhe mit schwarzer verdünnter Farbe lasieren. Die äußeren Schuhkonturen und die des Hutes mit Schleifpapier abschleifen.

Als Haare naturfarbenen Bast mit Heißkleber unter der Hutkrempe befestigen. Das Schild, die Hände sowie die Schuhe ebenfalls mit Heißkleber fixieren und den Hals mit einer Bastschleife schmücken. Die Konturen der Schuhsohlen, das Gesicht und den Schriftzug auftragen. Für einen lebendigeren Blick weiße Lichtreflexe in die Augen setzen. Die Holzkugel für die Nase dunkelrot bemalen und mit Heißkleber befestigen.

Fertig ist ein lustiger Türhänger, der nun fröhlich Ihre Gäste begrüßen kann.

Impressum:
© 2004 Bücherzauber Verlag GmbH, 41540 Dormagen
ISBN: 3-86545-012-1   Best.-Nr.: 50121

Fotos: Peter Wirtz, Dormagen
Styling: Angelika Nowotny, Agata Franica
Grafik/Zeichnungen: Daria Broda
Lithos: IMS Integrated Media Solutions GmbH, Köln
Layout/Satz/Bildbearbeitung: Marion Haustein, Dormagen
Druck: Grenz-Echo, Eupen www.grenzecho.be

Das Gesamtwerk sowie die darin abgebildeten Motive sind urheberrechtlich geschützt. Jede gewerbliche Nutzung oder Vervielfältigung der abgebildeten Entwürfe – auch auszugsweise – ist nur mit schriftlicher Genehmigung des Herausgebers gestattet. Das Gleiche gilt auch für die Verbreitung, Vervielfältigung oder sonstige Verarbeitung mit elektronischen Systemen.

Alle Materialangaben und Arbeitsweisen für die abgebildeten Motive wurden sorgfältig geprüft. Eine Garantie oder gar Haftung für eventuell auftretende Schäden können seitens der Autorin oder des Verlages nicht übernommen werden.

1. Auflage 2004

Vorwort

Ein neuer Trend findet immer mehr Liebhaber. Der Country- und Landhaus-Stil hat unser Herz im Sturm erobert. Die Motive in diesem Buch regen auch Sie sicherlich zum Nachbasteln an. Mit den dekorativen Holzfiguren und Schildern lassen sich Ihr Garten, die Haustür oder der Balkon ganz individuell schmücken. Keine Angst vor dem Holz – es ist noch kein Meister vom Himmel gefallen.

Gut Holz wünscht Ihnen

Tatjana Friedrich

Tatjana Friedrich

Danke!
Mein besonderer Dank gilt meiner Familie und meinen Freunden, die mir Mut gemacht und hilfreich zur Seite gestanden haben!

Material & Werkzeug

Säge

Pinsel

Bleistift

wasserlösliche Bastelfarben

Dekupiersäge

Außerdem:
✦ Transparentpapier
✦ schwarze Tafelfarbe
✦ bleifarbener Wickeldraht
✦ naturfarbener Bast
✦ Bohrer: Ø 1,5 mm, 3 mm, 5 mm
✦ Seitenschneider
✦ Schrauben

Pappelholz: 2 mm, 4 mm, 6 mm, 10 mm stark

Schleifpapier: 60er-, 80er-Körnung

Heißklebepistole

Alle Motive wurden mit Pappelholz in den Stärken 2 mm, 4 mm, 6 mm oder 10 mm gefertigt. Ab einer Stärke von 6 mm ist es ratsam, eine Decoupiersäge zu verwenden.

Stepp by Stepp

1.

Legen Sie ein Transparentpapier auf das ausgewählte Motiv auf dem Vorlagenbogen und ziehen Sie die Konturen mit einem Stift nach. Unter das abgepauste Motiv ein Kohlepapier legen, das Ganze auf dem Holz platzieren und die Konturen nochmals mit einem Stift nachziehen. Die Anfertigung einer Schablone aus Tonkarton ist sehr hilfreich, wenn ein Teil mehrfach gebastelt werden soll.

2. Die Einzelteile aussägen und die Kanten mit einem Schleifpapier mittlerer Körnung glätten. Die Kanten wirken nun weicher und kleine Unebenheiten werden so ausgebessert. Wer einen rustikaleren Stil bevorzugt, kann die Kanten mit einem Schnitzmesser ausbrechen. Dazu stellenweise mit dem Messer über die Kanten schaben. Wischen Sie nun den Schleifstaub mit einem feuchten Lappen ab, da sonst unter der Bastelfarbe feine Körner sichtbar bleiben.

3. Wasserlösliche Bastelfarben sind für den Landhaus- oder Country-Stil gut geeignet. Matte Bastelfarben betonen diese Stilrichtung. Um die Maserung des Holzes sichtbar zu erhalten, eine Lasur aus Bastelfarbe mit Wasser im Verhältnis 4:2 anfertigen. In einem kleinen Gefäß mit Deckel lassen sich die verdünnten Farben aufheben. Da die Lasur auf dem Holz sehr gut verläuft, ist es empfehlenswert, zuerst mit Lasur und anschließend mit herkömmlicher Bastelfarbe zu arbeiten. Zum zügigen Auftragen der Lasuren einen weichen flachen Synthetikpinsel verwenden. Für einen normalen Farbauftrag Borstenpinsel nutzen, um die Farbe in das Holz zu bürsten.

4. Um die Country-Stilrichtung zu betonen können Sie die Kanten nach dem Bemalen mit Schleifpapier etwas abschleifen, sodass das Holz wieder sichtbar wird.

5. Die aufgemalten Augen mit weißen Lichtreflexen betonen. Der Einsatz eines Permanent-Markers ist hier empfehlenswert, da das Aufgemalte nicht mehr verwischt. Für farbliche Akzente an den Rändern der einzelnen Figuren mit einem Pinsel zusätzlich unverdünnte Farbe auftragen. Dazu den Pinsel in die Farbe tauchen und auf einem Küchenpapier so lange abwischen, bis kaum noch Farbe am Pinsel ist. Nun so über die Kanten fahren, dass ein Farbansatz nicht auffällt. Ein weicher Farbübergang gelingt leicht. Für die Nass-in-Nass-Technik die Farben nacheinander auftragen und mit einem Pinsel verwischen.

6. Zum Aufkleben der Holzteile einen Holzleim verwenden. Für den Außenbereich unbedingt wasserfesten Holzleim nutzen, da sich sonst die aufgesetzten Teile lösen können. Ein etwas größerer Klecks reicht aus, um die Einzelteile zu verbinden. Die Standplatten mit den Motiven verschrauben oder mit Holzdübeln befestigen. Kleinere Motivteile mit Heißkleber fixieren.

7. Abschließend die Motive mit Klarlack versiegeln, damit sie abwischbar sind. Für den Außenbereich unbedingt wetterfesten Klarlack verwenden. Dafür hat sich ein seidenmatter Acryllack auf Wasserbasis sehr gut bewährt. Den Klarlack mit etwas Wasser verdünnen und mit einem dickeren Pinsel auftragen.

Ostergrüße

Material
- Pappelholz: 4 mm, 10 mm stark
- Standplatte, 33 x 18 cm
- Farben: mittelbraun, dunkelgrün, dunkelrot, cremefarben, oliv, hellgrün
- Stifte: schwarz, weiß
- bleifarbener Wickeldraht
- naturfarbener Bast
- Deko-Margerite
- Efeu-Schablone
- rosa Karostoff
- 4 Holzschrauben, 3 x 25 mm
- Schwämmchen

Die Konturen laut Grundanleitung auf das Pappelholz übertragen, alle Teile aussägen und die Kanten mit Schleifpapier glätten. Die Hasenköpfe, die Ohren und alle Pfoten mit mittelbrauner Lasur anmalen. Die Oberteile und die Zaun-Einzelteile cremefarben kolorieren. Das Kleid und die Herzen dunkelrot, die Hose dunkelgrün und das Schild olivfarben anmalen. Anschließend die Standplatte hellgrün lasieren. Nach dem Trocknen mit den Stiften die Kragen sowie die Gesichter aufmalen und die weißen Lichtreflexe in den Augen ergänzen.

Nun in die Köpfe, die Ohren, die Herzen und das Schild an den markierten Stellen 1,5 mm große Löcher bohren und die Teile laut Abbildung mit Draht verbinden. Hierzu den Draht von vorne durch die Löcher führen und die Enden hinten zusammendrehen.

Eine Efeu-Schablone auf die Zaunlatten legen und mit einem Schwämmchen olivgrüne Farbe in die Zwischenräume tupfen. Nun die Hasen mittels Holzschrauben von unten an der Standplatte festschrauben. Die Zaunlatten mit Heißkleber vor den Hasen auf die Standplatte kleben und die Querleiste von hinten an den Latten befestigen. Das Schild mit einem weißen Stift beschriften und mit Draht an den Zaun hängen. Den Kopf der Hasenfrau mit einer Bastschleife schmücken. Schließlich aus dem Karostoff eine Tasche zuschneiden und diese mit Heißkleber auf dem Kleid befestigen. Die Tasche mit einer Margerite dekorieren.

Lustiges Huhn

Material
- Pappelholz:
  2 mm, 4 mm, 10 mm stark
- Sitzplatte, 4 x 15 cm
- Farben: dunkelrot,
  apricot, cremefarben
- Stifte: schwarz, weiß
- naturfarbene Kordel
- bleifarbener Wickeldraht
- Schaschlikspieß

Zu Beginn alle Teile vom Vorlagenbogen auf das Holz übertragen und aussägen. Die Konturen mit Schleifpapier glätten und den Schleifstaub mit einem feuchten Tuch entfernen. Den Körper des Huhns cremefarben kolorieren. Nach dem Trocknen mit Hilfe eines Schaschlikspießes gelbe Pünktchen in Dreiergruppen auf den Körper tupfen. Die Flügel, den Kamm und den Kehlsack dunkelrot anmalen. Den Schnabel, die Fußblende und die Füße apricotfarben gestalten und in die noch feuchte Farbe etwas Cremefarben wischen. Die Konturen der roten Teile mit Schleifpapier etwas abschleifen.

Anschließend an den markierten Stellen im Kopf und am Kamm 1,5 mm große Löcher bohren. Den Kamm mit jeweils 5 cm langen Stücken Wickeldraht am Kopf fixieren und die Drahtenden hinten zusammendrehen. In die Füße im Fersenbereich 3 mm große Löcher bohren. Als Beine 8 cm lange Kordelstücke nutzen. Diese in den Löchern der Füße und hinter der Fußblende befestigen.

Den Schnabel, die Nase und die Fußblende ebenfalls mit Heißkleber fixieren. Nun noch die Augen und die Nasenlöcher mit den Farbstiften aufmalen und das fertige Huhn auf die Standplatte kleben.

Hasenstecker

Material
- Pappelholz:
  2 mm, 4 mm, 10 mm stark
- Holzleiste, 4 x 97 cm
- Farben: hellgrün, mittelgrün, hellgelb, cremefarben, hellbraun, dunkelrosa
- Stifte: schwarz, weiß
- grünes Islandmoos
- 2 rote Gänseblümchen
- grünes Karoband
- 3 Schrauben, 2,5 x 12 mm

Das Schild von der Vorlage auf 10 mm starkes und die Querleiste des Zauns auf 2 mm dickes Pappelholz übertragen. Alle restlichen Teile auf 4 mm starkes Pappelholz übertragen. Alles aussägen und anschließend die Kanten mit Schleifpapier glätten. Das Schild hellgrün lasieren und nach dem Trocknen beschriften. Nun die Hasen laut Abbildung anmalen. Die Zaunlatten cremefarben kolorieren und in die noch nasse Farbe etwas dunkelbraune Farbe wischen. Alles trocknen lassen.

Anschließend mit Heißkleber die Zaunlatten von vorne auf dem Schild und die Querleiste hinter dem Zaun befestigen. Den großen Hasen hinter den Zaun auf das Schild kleben und die Hasenkinder leicht schräg hinter der Holzleiste anbringen. Mit Heißkleber etwas Islandmoos auf dem Schild und unter den Hasenfüßen fixieren und die Gänseblümchen ergänzen. Zum Schluss die Holzleiste mit Schrauben von hinten an das Schild schrauben.

Fellhase Paulchen

Material
- Pappelholz: 4 mm, 10 mm stark
- Standplatte, 4 x 22 cm
- Farben: mittelbraun, dunkelbraun, terrakottafarben
- Stifte: schwarz, weiß
- bleifarbener Wickeldraht
- Deko-Biene
- cremefarbener Fellrest
- rostiges Glöckchen
- braunes Dschungelmoos

Übertragen Sie die Hasenkonturen und die der Arme vom Vorlagenbogen auf das Holz. Alles aussägen und die Sägekanten glatt schleifen. Nun mit mittelbrauner Lasur die Teile kolorieren und in die noch feuchte Farbe etwas Dunkelbraun wischen. Für die hellen Konturen in den Ohren zusätzlich mit einem Pinsel unverdünnte Farbe auftragen. Dazu den Pinsel in die Farbe tauchen und auf einem Küchenapier so lange abwischen, bis kaum noch Farbe am Pinsel ist. Die Außenkonturen mit Schleifpapier etwas abschleifen.

Die Augen, die Gesichts- und die Pfotenkonturen mit einem schwarzen Farbstift aufmalen. Die Nase terrakottafarben hervorheben und zu beiden Seiten jeweils zwei 1,5 mm große Löcher bohren. Anschließend zwei 9 cm lange Stücke Wickeldraht von hinten nach vorne durch die Löcher führen.

Ein aus einem Fellrest geschnittenes Dreieck mit Heißkleber am Hals des Hasen fixieren und ein Glöckchen auf Wickeldraht ergänzen. Nun mit Heißkleber die Arme am Körper und den fertigen Hasen auf der Standplatte befestigen. Zum Schluss die Deko-Biene auf einem Ohr platzieren.

Familie Hase

Material
- Pappelholz: 4 mm, 10 mm stark
- 2 Sitzplatten, 17 x 19 cm, 10 mm
- Farben: dunkelrot, schwarz, cremefarben, dunkelrosa, dunkelblau, apricot, hellbraun, dunkelbraun, hellgelb
- Stifte: schwarz, weiß
- blauweißer Karostoff
- gelbroter Punktstoff
- bleifarbener Wickeldraht
- 10 Schrauben, 3 x 25 mm
- 4 Schrauben, 2,5 x 12 mm

Alle Konturen gemäß Vorlage auf das Pappelholz übertragen, aussägen und die Kanten glätten. Bei den beiden großen Hasen und dem Hasenbaby alle sichtbaren Körperteile mittelbraun lasieren. Das Hemd des Hasenmannes dunkelblau gestalten und nach dem Trocknen ein cremefarbenes Karo aufmalen. Die Hose dunkelrot lasieren und in die noch feuchte Farbe etwas Schwarz wischen. Anschließend die Bluse der Hasendame cremefarben und den Rest des Kleides apricotfarben anmalen. Die Punkte der Bluse mit Hilfe eines Schaschlikspießes aufsetzten.

Nach dem Trocknen aller Teile an den markierten Stellen 1,5 mm große Löcher einbohren und die Gesichter aufmalen. In den Löchern an den Nasen mit Heißkleber jeweils 5 cm lange Stücke Wickeldraht befestigen. Nun die Oberteile der Hasen mit jeweils drei Schrauben von hinten gegen die Sitzplatte schrauben. Legen Sie die Arme auf und befestigen diese mit jeweils einer Schraube am Oberkörper. Die Beine ebenfalls mit je einer Schraube an den Sitzplatten befestigen und die Nasen mit Heißkleber aufkleben.

Zwischen die Arme der Hasendame das Hasenbaby platzieren. Die Hasendame mit einer Haarschleife aus gepunktetem Stoff und den Hasenmann mit einem Schlips aus Karostoff schmücken. Den Stoff dazu an einem Ende verknoten, sodass das andere Ende lose herunterhängt. Die Stoffkanten nach innen umschlagen, das Stoffende in Schlipsform legen und mit Heißkleber fixieren. Zuletzt die Schlipsspitze mit Heißleber befestigen.

Tipp!
Auf einer Bank nebeneinander gesetzt kann den Hasen ein kleiner Blumenkasten auf den Schoß gestellt werden.

Frühlingsbote

Gärtner Hoppel

Material
- Pappelholz, 10 mm stark
- Farben: dunkelgrün, mittelbraun, dunkelbraun, dunkelrosa
- bleifarbener Wickeldraht
- Gießkanne, Spaten, Rechen
- grünes Islandmoos
- naturfarbener Bast
- grüner Karostoff
- messingfarbener Rundstab, Ø 3 mm
- 2 rote Gänseblümchen

Den Hasen laut Vorlage aussägen und die Kanten mit Schleifpapier glätten. Den Kopf und die Füße mit mittelbrauner Farbe bemalen und in die Ohren nass in nass etwas dunkelbraune Farbe einarbeiten. Die Hose mit dunkelgrüner Farbe aufmalen. Den Hasen für den typischen Country-Look an den Rändern gemäß Grundanleitung von Seite 5 mit Schleifpapier abschleifen. Mit den Farbstiften das Gesicht und die Beinkonturen aufmalen.

In die Nase untereinander drei 1,5 mm große Löcher bohren und von vorne durch jedes Loch ein 6 cm langes Stück Wickeldraht führen. Die Drähte an der Rückseite zusammendrehen. Bohren Sie in die Gießkanne zwei gegenüberliegende Löcher. Nun ein ca. 30 cm langes Stück Draht um einen Stift zu einer Spirale wickeln. Die Spirale etwas auseinander ziehen, die Enden durch die Bohrlöcher der Gießkanne führen und verdrehen. Den Spaten und den Rechen mit Heißkleber in der Gießkanne fixieren. Etwas Islandmoos locker in die Kanne kleben und mit zwei Gänseblümchen ergänzen.

Schmücken Sie den Hasen mit einer Bastschleife und hängen ihm die Gießkanne mit Draht um den Hals. Die Drahtenden zweimal verdrehen. Zuletzt etwas Karostoff als Flicken auf die Hose kleben, in den Fuß ein 5 mm großes Loch bohren und mit Heißkleber einen Rundstab einkleben.

Willkommen

Material
- Pappelholz, 10 mm stark
- Farben: weiß, efeugrün, terrakottafarben, schwarz
- schwarzer Stift
- naturfarbener Bast
- bleifarbener Wickeldraht

Das Schild vom Vorlagenbogen auf das Holz übertragen, aussägen und die Kanten abschleifen. Vor dem Bemalen den Schleifstaub mit einem feuchten Tuch entfernen. Nun die Bäumchen efeugrün und die Töpfe terrakottafarben gestalten. Die Kanten laut Grundanleitung von Seite 5 mit Schleifpapier etwas abschleifen. Anschließend das Schild mit weißer Farbe lasieren und nach dem Trocknen den Schriftzug ergänzen.

An den markierten Stellen 1,5 mm große Löcher in das Schild bohren. Ein 20 cm langes Stück Wickeldraht um einen Stift zu einer Spirale drehen. Den aufgewickelten Draht etwas auseinander ziehen und von hinten durch die Löcher führen. Die Drahtenden vorne rund zusammendrehen. Zum Schluss gemäß Abbildung drei Bastschleifen mit Heißkleber auf dem Schild fixieren.

Bärenglück

Tritt ein ...

Material
- Pappelholz: 2 mm, 4 mm, 10 mm stark
- Farben: mittelbraun, dunkelblau, dunkelrot, weiß
- schwarzer Stift
- naturfarbener Bast
- bleifarbener Wickeldraht

Nach dem Aussägen aller Teile und dem Glätten der Kanten das Haus mittelbraun lasieren. Auf das Dach zunächst mittelbraune Farbe auftragen und nach dem Trocknen dunkelblaue Farbe aufstreichen. Lasieren Sie das Herz dunkelrot. Mit Schleifpapier die blaue Farbe des Daches etwas abschleifen, sodass die mittelbraune Farbe wieder zum Vorschein kommt.

An den markierten Stellen 1,5 mm große Löcher bohren und ein 25 cm langes Stück Draht um einen Stift zu einer Spirale wickeln. Den Draht etwas auseinander ziehen und von hinten durch die Löcher führen. Die Drahtenden vorne verdrehen. Eine Bastschleife am rechten Drahtende befestigen. Unter dem Herz ein wenig Bast fixieren und das Ganze mit Heißkleber auf dem Haus platzieren. Zum Schluss das Haus beschriften.

Blumenbär

Material
- Pappelholz: 2 mm, 6 mm, 10 mm stark
- Sitzplatte, 12 x 12 cm
- Farben: hellbraun, dunkelbraun, dunkelgrün, cremefarben
- Stifte: schwarz, weiß
- bleifarbener Wickeldraht
- naturfarbener Bast
- 2 Schrauben, 2,5 x 16 mm
- 5 Schrauben, 2,5 x 25 mm

Zunächst die Konturen aller Einzelteile vom Vorlagenbogen auf das Holz übertragen, alles aussägen und an den markierten Stellen Löcher einbohren. Glätten Sie die Kanten mit Schleifpapier und entfernen den Schleifstaub mit einem feuchten Tuch.

Anschließend den Kopf, den Hals, die Arme, die Ohren und die Füße mit dunkelbrauner Farbe lasieren. Nach dem Trocknen die Schnauze, die Pfoten, die Fußspitzen und die Ohrinnenflächen hellbraun gestalten. Den Körper, die Beine und die Sitzplatte dunkelblau kolorieren und nach dem Trocknen das cremefarbene Karo mit einem dünnen Pinsel auftragen. Um den Country-Stil zu betonen die Kanten mit Schleifpapier abschleifen. Kleben Sie die Schnauze mit Heißkleber an den Kopf und malen das Gesicht auf. Nun mit drei 2,5 x 25 mm großen Schrauben den Oberkörper von hinten an die Sitzplatte schrauben. Die Beine mit zwei Schrauben gleicher Größe von vorne an der Sitzplatte befestigen. Die Arme mit zwei 2,5 x 16 mm großen Schrauben am Oberkörper fixieren und die Ohren mit Draht am Kopf anbringen. Zum Schluss dem Bären eine Bastschleife umbinden und die Hosenumschläge mit Heißkleber fixieren.

Bin gleich wieder da

Material
- Pappelholz: 2 mm, 10 mm stark
- Farben: hellgrün, efeugrün, hellbraun, dunkelbraun
- schwarze Tafelfarbe
- Stifte: schwarz, weiß
- Kreide
- naturfarbener Bast
- grünes Islandmoos
- bleifarbener Wickeldraht
- Kreppband

Zu Beginn den Bären und das Schild aussägen und mit Schleifpapier die Kanten glätten. An den markierten Stellen 1,5 mm große Löcher einbohren. Nun mit etwas Kreppband ca. 2 cm vom Rand das Feld für die Tafelfarbe abkleben und diese mit einem etwas größeren Pinsel auftragen. Die Farbe gut trocknen lassen. Lasieren Sie den Bären dunkelbraun und malen die Schnauze hellbraun an. Das Kreppband vom Schild entfernen und nun die Ränder der Tafel mit Kreppband abkleben. Das Schild mit den Farben Hell- und Efeugrün nass in nass anmalen.

Anschließend die äußeren Konturen des Bären mit Schleifpapier abschleifen. Nach dem Trocknen alle Holzteile mit Heißkleber aufkleben. Das Gesicht und die Tatzen mit einem schwarzen Stift aufmalen und das Moos fixieren. Zum Aufhängen des Schildes etwas Draht zu einer Spirale um einen Stift wickeln, die Enden von hinten durch die vorgebohrten Löcher führen und vorne zusammendrehen. Abschließend eine Baststrähne um den Draht legen und zu einer Schleife binden. Nun können Sie Ihr Schild immer wieder mit einem passenden Schriftzug versehen.

Bienenfrau Susi

Material
- Pappelholz: 2 mm, 6 mm, 10 mm stark
- Standplatte, 8 x 24 cm
- Farben: cremefarben, hautfarben, gelb, mittelbraun, ocker, schwarz, dunkelbraun
- Stifte: schwarz, weiß
- mittelbraunes Lockengarn, 2 x 20 cm
- gelbweiß kariertes Schleifenband
- 2 Schrauben, 3 x 25 mm
- bleifarbener Wickeldraht

Alle Teile gemäß Vorlagenbogen aussägen, die Kanten mit Schleifpapier glätten und mit einem feuchten Tuch den Schleifstaub entfernen. Alle Löcher an den markierten Stellen mit einem 2-mm-Bohrer einbohren. Für die Löcher an den Köpfen der Bienen einen 1,5 mm dicken Bohrer nutzen.

Nun das Gesicht, die Hände und die Beine hautfarben anmalen. Die Ärmel und den Halsausschnitt cremefarben gestalten. Den Körper mittelbraun lasieren und in der noch feuchten Farbe am Rand etwas dunkelbraune Farbe verstreichen. Die Schuhe mit Dunkelbraun kolorieren und drei Knöpfe in den Halsausschnitt malen. Malen Sie mit einem schwarzen Farbstift das Gesicht auf. Für einen lebendigeren Blick weiße Lichtreflexe in die Augen setzen. Die Konturen der Kleidung und der Schuhe mit Schleifpapier abschleifen.

Anschließend die Arme seitlich ansetzen. Dazu ein Stück Wickeldraht durch die Arme sowie den Oberkörper führen und die Drahtenden seitlich verdrehen. Das Bienenhaus ockerfarben lasieren und in die noch feuchte Farbe etwas Dunkelbraun einarbeiten. Durch das Bienenhaus ein Querloch bohren. Nun ein 20 cm langes Stück Wickeldraht durch das Haus führen und die Enden an den Händen befestigen.

Die Bienen bemalen und die Flügel cremefarben lasieren. Nach dem Trocknen etwas Wickeldraht als Fühler an den Köpfen befestigen und die Enden zusammendrehen. Mit Heißkleber das Lockengarn als Haare am Kopf befestigen, die Bienen ankleben und eine Schleife ins Haar setzen. Zuletzt die Bienenfrau auf die Standplatte schrauben.

Anglerbär Ole

Material
- Pappelholz: 2 mm, 4 mm, 10 mm stark
- Standplatte, 12 x 20 cm
- Farben: dunkelbraun, hellbraun, olivgrün, gelb, hellgrün, dunkelblau
- Stifte: schwarz, weiß
- hellbraunes Lockengarn
- bleifarbener Wickeldraht
- braunes Dschungelmoos
- 3 gelbe Knöpfe
- grünes Karoband
- 2 Schrauben, 3 x 25 mm

Zunächst alle Einzelteile mit den Markierungen vom Vorlagenbogen auf das Holz übertragen, aussägen und die Kanten mit Schleifpapier glätten. An den markierten Stellen Löcher mit einem Durchmesser von 1,5 mm bohren. Den Kopf mit den Ohren und die Pfoten mit hellbrauner Farbe lasieren. Die Schnauze und die Füße dunkelbraun anmalen. Anschließend den Mantel olivfarben gestalten. Die Fische mit den Farben Gelb, Hellgrün und Dunkelblau nass in nass kolorieren. Nun für den typischen Country-Stil nach Belieben einzelne Konturen gemäß Grundanleitung von Seite 5 mit Schleifpapier abschleifen.

Die Schnauze mit Heißkleber am Kopf befestigen, das Gesicht aufmalen und in die Augen weiße Lichtreflexe tupfen. Nun alle Einzelteile laut Abbildung mit Wickeldraht verbinden und die Drahtenden an der Rückseite verdrehen. Den fertigen Bären mit zwei Schrauben auf der Standplatte anbringen. Zum Schluss drei Knöpfe auf der Körpermitte, das Lockengarn als Haare auf dem Kopf und etwas Dschungelmoos zu Füßen des Bären mit Heißkleber aufkleben und ein Karoband um den Hals binden.

Tipp!
Einfach alte Knöpfe gelb anmalen.

Katzenstecker

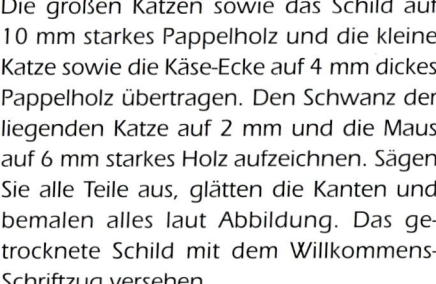

Die großen Katzen sowie das Schild auf 10 mm starkes Pappelholz und die kleine Katze sowie die Käse-Ecke auf 4 mm dickes Pappelholz übertragen. Den Schwanz der liegenden Katze auf 2 mm und die Maus auf 6 mm starkes Holz aufzeichnen. Sägen Sie alle Teile aus, glätten die Kanten und bemalen alles laut Abbildung. Das getrocknete Schild mit dem Willkommens-Schriftzug versehen.

Material
- Pappelholz: 2 mm, 4 mm, 6 mm, 10 mm stark
- Holzleiste, 4 x 97 cm
- brauner Filzrest
- Farben: schwarz, hellgrün, cremefarben, altrosa, mittelbraun, hellgelb
- Stifte: schwarz, weiß
- grünes Islandmoos
- 2 rote Gänseblümchen
- naturfarbene Kordel, 12 cm lang
- bleifarbener Wickeldraht
- bleifarbener Draht, Ø 0,25 mm
- 3 Schrauben, je 2,5 x 12 mm
- Schaschlikspieß

Für die Schnurrhaare der großen Katzen jeweils drei 1,5 mm große Löcher seitlich in die Nasen bohren. Nun jeweils sechs 5 cm lange Stücke Wickeldraht mit Heißkleber in den Löchern fixieren. Bei der Maus ein 3 mm großes Loch ins Hinterteil bohren und mit Heißkleber ein Stück Kordel einkleben. An der Nase der Maus ein 1,5 mm großes Loch bohren und drei 3 cm lange Stücke Wickeldraht von hinten durch die Bohrung führen. Die Drahtenden dabei an der Rückseite miteinander verdrehen.

Die Ohren aus einem Filzrest fertigen, am unteren Ende etwas zusammendrücken und am Kopf befestigen. Anschließend bei der kleinen Katze rechts und links neben der Nase je ein 1,5 mm großes Loch bohren. Führen Sie drei 4 cm lange Stücke des dünnen Wickeldrahtes von hinten rechts und links durch die Löcher nach vorne und fixieren diese auf der Rückseite mit einem Tropfen Heißkleber. In den gelb angemalten Käse willkürlich Löcher bohren.

Schließlich das Schild mit Hilfe von Schrauben an der Holzleiste befestigen. Alle anderen Teile mit Heißkleber am Schild und an der Leiste fixieren.

Fertig ist ein schöner Willkommensgruß nicht nur für Katzenfreunde.

Zum Garten

Material
- Pappelholz: 4 mm, 10 mm stark
- Holzleiste, 3 x 56 cm
- Farben: hellblau, hellgelb, hautfarben, mittelbraun, schwarz, cremefarben, fliederfarben
- Stifte: schwarz, weiß
- blauer Karostoff
- mittelblondes Lockengarn
- bleifarbener Wickeldraht
- weißes Gänseblümchen
- Strohhut, Ø 13,5 mm
- naturfarbener Bast
- 2 Schrauben, 2,5 x 12 mm

Nach dem Aussägen aller Teile die Kanten abschleifen und den Staub mit einem feuchten Tuch entfernen. Das Gesicht, die Hände und das Bein hautfarben anmalen. Das Kleid hellblau und das Schild fliederfarben gestalten. Lasieren Sie die Ärmel hellgelb und kolorieren den Schuh mit mittelbrauner Farbe. Nach dem Trocknen die Ärmel mit feinen cremefarbenen Streifen bemalen und das Gesicht mit den Farbstiften aufmalen. Dabei die Lichtreflexe in den Augen nicht vergessen.

Das Kleid mit Hilfe eines Schaschlikspießes mit Punkten versehen. Den Vogel mit der schwarzen Farbe lasieren und das Auge nach dem Trocknen aufzeichnen. Für den typischen Country-Look die Konturen des Kleides, der Schuhe, des Schildes und des Vogels mit Schleifpapier durch Abschleifen hervorheben.

An den markierten Positionen 1,5 mm große Löcher einbohren. Nun mit Wickeldraht den Arm am Körper und das Schild am Arm befestigen. Dazu den Draht von vorne durch die Löcher führen und die Enden auf der Rückseite verdrehen. Kleben Sie zwei 20 cm lange Stränge Lockengarn mit Heißkleber an den Kopf. Den Strohhut ebenfalls mit Heißkleber am Kopf befestigen und den Hut mit einem Gänseblümchen verzieren.

Ein Schal aus blauem Karostoff schmückt den Hals des Mädchens. Den Vogel mit einem Bastrest auf ihrem Arm platzieren und das Schild mit einer Bastschleife versehen. Zum Schluss die Holzleiste mit Schrauben von hinten am Mädchen befestigen.

Bin im Garten

Material
- Pappelholz: 2 mm, 4 mm, 10 mm stark
- Farben: dunkelgrün, grau, dunkelbraun, apricot, hellgelb, dunkelrot
- schwarze Tafelfarbe
- grüne Karoschleife
- naturfarbener Bast
- bleifarbener Wickeldraht
- grünes Islandmoos
- Zinkkanne
- Kreide
- Schwämmchen
- Schraube, 2,5 x 12 mm
- Kreppband

Nach dem Aussägen aller Einzelteile die Kanten mit Schleifpapier glätten und 1,5 mm große Löcher an den markierten Stellen einbohren. Auf dem Schild mit Kreppband einen ca. 2 cm breiten Rand abkleben, die Tafelfarbe aufpinseln und trocknen lassen. Alle anderen Teile gemäß Abbildung farblich gestalten. Den Vogel gelb kolorieren und in die noch feuchte Farbe etwas Grasgrün einwischen. Das Kreppband entfernen und den Tafelfarbenrand mit Kreppband abkleben. Den Tafelrahmen dunkelgrün lasieren. Die Ränder aller Teile mit Schleifpapier abschleifen.

Anschließend die fertigen Teile mit Wickeldraht am Schild befestigen und Bastschleifen anbinden. Den Vogel und das Moos mit Heißkleber an das Schild kleben. Nun ein ca. 30 cm langes Stück Wickeldraht um einen Stift winden und die so gebildete Spirale wieder etwas auseinander ziehen. Die Drahtenden von hinten durch die Löcher im Schild führen und an der Vorderseite verdrehen. Zum Schluss eine Karoschleife um den Draht binden, in den Eimer ein Loch bohren und diesen an das Schild schrauben. Den Eimer als Halter für einen Schwamm und ein Stück Kreide nutzen.

Gartenwurm

Material

- ✦ Pappelholz:
  2 mm, 4 mm,
  10 mm stark
- ✦ Farben:
  hellbraun, mittelbraun,
  cremefarben, dunkel-
  grün, mittelgrün, rot
- ✦ Stifte: schwarz, weiß
- ✦ massiver Alustab, Ø 3 mm

Übertragen Sie alle Einzelteile auf das Holz, sägen entlang der Konturen aus und glätten die Kanten mit Schleifpapier. Den Körper hellbraun bemalen und mit einem Pinsel in die noch feuchte Farbe etwas dunkelbraune Farbe einstreichen. Die Mütze dunkelgrün kolorieren und mit mittelgrüner Farbe akzentuieren, solange die Farbe noch feucht ist. Malen Sie den Schlips mittelgrün und den Knoten dunkelgrün an. Nun die Augenpartie cremefarben gestalten und die Nase mittelbraun lasieren.

Alle fertigen Teile mit Heißkleber fixieren und fest andrücken. Die Augen aufmalen und einen Lichtpunkt auf die Nase setzen. Den Mund rot aufmalen und mit einem schwarzen Stift umranden. Nun den Alustab in 20 cm lange Stücke zersägen. Zum Schluss an den markierten Stellen Löcher mit einem Durchmesser von 4 mm bohren und die Alustäbe mit Heißkleber einkleben.